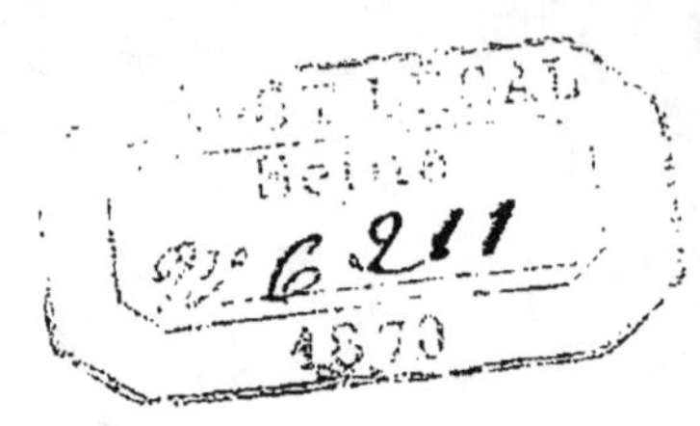

PROJET DE CONSTITUTION

de la

RÉPUBLIQUE FRANÇAISE

de

1870

PARIS. — IMPRIMERIE A.-E. ROCHETTE

90, boulevard Montparnasse, 90

PROJET

DE

CONSTITUTION

DE LA

RÉPUBLIQUE FRANÇAISE

DE

1870

PAR

V. VANDEWYNCKEL

Avocat

A PARIS

CHEZ L'AUTEUR, BOULEVARD SAINT-GERMAIN, 77

ET CHEZ TOUS LES LIBRAIRES

—

1870

Le travail qu'on va lire a été fait en 1851, en vue de la révision de la constitution que beaucoup attendaient pour 1852. Le guet-à-pens de décembre en refoulant nos espérances, nous a empêché de le produire.

Aujourd'hui la République renaît. Elle doit inaugurer un régime différent en tout de l'immonde système, qui a conduit la France au bord de l'abîme où l'a arrêtée l'explosion populaire du 4 Septembre. Nous livrons à nos Concitoyens ce projet qui contient, nous le croyons fermement, la solution de la plupart des grandes questions politiques et sociales qui agitent depuis longtemps les esprits.

Les principes sont immuables, et les faits politiques et sociaux accomplis depuis vingt ans, n'ont fait que confirmer les observations antérieures. On ne doit donc pas s'étonner de retrouver dans notre projet des dispositions de nos anciennes constitutions républicaines, et des solutions proposées par les réformateurs contemporains.

A ceux qui nous blâmeraient de nous occuper actuellement de ces questions, nous répondrions : Deux devoirs incombent en ce moment à chaque Citoyen, repousser l'invasion, assurer l'existence de la République. Combattant de juillet 1830, nous remplissons le premier, dans la mesure de nos forces, comme garde national sédentaire de Paris, (5ᵐᵉ compⁱᵉ du 85ᵐᵉ bataillon). Nous croyons accomplir le second, en communiquant à nos concitoyens, le résultat de nos études et d'une expérience déjà longue.

V. V.

Paris 1ᵉʳ Octobre 1870.

CONSTITUTION

TITRE PREMIER

PRINCIPES GÉNÉRAUX

§ 1.

Droits des Citoyens.

1. — L'homme en société a droit à l'entier développement et au plein exercice de ses facultés.

2. — À cet effet, est garantie à chaque Citoyen la jouissance des droits secondaires suivants : *La Liberté, l'Égalité, la Sécurité, la Propriété.*

3. — La *liberté* est le pouvoir de faire tout ce qui n'est pas défendu par la loi.

Elle se divise, quant à son exercice, en liberté politique et en liberté civile.

4. — La *Liberté politique* consiste : 1° à prendre part par soi-même, ou par ses mandataires, à la formation du contrat social et de la loi; à la fixation de l'assiette, de la quotité et du mode de recouvrement de la contribution publique nécessaire à l'entretien de la force publique et aux dépenses d'administration; 2° à manifester sa pensée et ses opinions par la voie de la presse ou de toute autre manière; 3° à s'associer et à s'assembler publiquement et sans armes; 4° à pratiquer son culte sans qu'il soit besoin d'aucune autorisation; 5° à ne pouvoir être recherché ni poursuivi à cause des opinions religieuses ou autres.

5. — La *Liberté civile* consiste 1º à circuler et à séjourner sans entraves dans toute l'étendue du territoire de la République ; 2º à exercer le genre de travail, de commerce, de culture ou d'industrie, là et de la manière que chacun le juge le plus utile à ses intérêts ; 3º à ne pouvoir être accusé ou détenu que dans les cas déterminés par la loi et selon les formes qu'elle a prescrites ; 4º à ne pouvoir être jugé et puni que par ses pairs, après avoir été entendu ou légalement appelé et en vertu d'une loi promulguée antérieurement au délit.

6. — L'*Égalité* consiste en ce que tous les citoyens jouissent des mêmes droits, c'est-à-dire : 1º en ce que la loi soit la même pour tous, soit qu'elle impose des devoirs ou défende des actes, soit qu'elle protége, soit qu'elle récompense ou qu'elle punisse ; 2º en ce que tous les citoyens soient également admissibles aux fonctions publiques ; 3º en ce que les citoyens ne participent que dans la proportion de leur fortune au paiement de la contribution publique ; 4º en ce qu'il n'y ait de distinction entre les citoyens que celles résultant des services rendus, des talents, ou des vertus. — En conséquence sont abolis à jamais tout titre de noblesse, toute distinction de naissance, de classe ou de caste et sont supprimés tous costumes, marques et signes extérieurs de distinction, autres que l'uniforme dé l'armée.

7. — La *Sûreté* consiste en la protection accordée par l'Etat à chacun des membres de la société pour la conservation de sa personne, et pour la conservation et la jouissance de ses droits.

8. — L'Etat assure la conservation de la personne : 1º en garantissant à chacun le produit entier de son travail et de son industrie, au moyen de l'encouragement qu'il donne à l'association des travailleurs, ainsi qu'à celle du capital,

du travail et du talent; 2° en fournissant à tout homme valide, les instruments de travail au moyen de l'organisation, par la banque nationale, des crédits foncier, industriel, commercial et agricole, et en recueillant et publiant sans discontinuer l'état de l'offre et de la demande sur chaque point du territoire, pour chaque nature de produit et de travail; 3° en assurant les moyens d'existence aux invalides indigents, qui ne peuvent les réclamer de leur famille; 4° en mettant à la portée de tous les choses nécessaires à la vie, à un prix qui satisfasse les légitimes intérêts du producteur et du consommateur, au moyen d'agences cantonnales, relevant de la banque nationale.

9. — Il assure la conservation et la jouissance des droits 1° en donnant gratuitement à tous une éducation et une instruction élémentaire uniformes, en mettant à la portée de tous l'instruction secondaire, et en favorisant de tout son pouvoir les progrès de la raison et de la moralité publiques; 2° en empêchant un individu, une classe ou une partie du peuple d'usurper les droits des autres et la souveraineté nationale; 3° en veillant à ce que tous les citoyens concourrent à la nomination de leurs mandataires à la formation de la loi et au choix de ses agents.

10. — La *Propriété* est le droit qu'a chaque Citoyen de jouir et de disposer de la portion de biens qui lui est garantie par la loi. — L'exercice de ce droit consiste à pouvoir 1° posséder et acquérir par des moyens légitimes toute espèce de propriété; 2° à disposer à son gré, dans les limites tracées par la loi et la morale, de ses biens, de ses revenus, du fruit de son travail et de son industrie; 3° n'être privé de la propriété qu'on possède légitimement que pour cause d'utilité publique et sous la condition d'une juste et préalable indemnité.

§ 2.

Devoirs des Citoyens.

11. — Les droits des Citoyens expriment les obligations de la société et de l'Etat envers eux. — De la garantie qui leur en est donnée, naissent des obligations dont l'accomplissement est nécessaire au maintien de l'ordre social et qui sont les devoirs de tous les citoyens.

12. — Les Citoyens doivent user et jouir des droits qui leur sont garantis, de manière à ne préjudicier ni à la liberté, ni à la sûreté, ni à la propriété de leurs semblables.

13. — L'usage et l'exercice de tout droit ont pour règle la justice, et pour limites, celles qui assurent aux autres membres de la société la jouissance des mêmes droits. — Tout exercice d'un droit, toute possession, tout trafic, qui violent ce principe, sont illicites et immoraux.

14. — Chaque Citoyen doit aimer la Patrie, servir et défendre la République, participer aux charges de l'Etat dans la proportion de sa fortune, respecter les droits des autres Citoyens, s'assurer par le travail des moyens d'existence et par la prévoyance des ressources pour l'avenir, concourir au bien-être commun et à l'ordre général, en observant les lois morales antérieures et supérieures aux lois positives, et les lois morales et écrites qui régissent la société et l'individu.

15. — Celui qui viole ouvertement les lois, se déclare en état de guerre avec la société. — Celui, qui sans les enfreindre ouvertement, les élude par ruse ou par adresse, blesse les intérêts de tous et se rend indigne de leur bienveillance et de leur estime.

§ 3.

De la Souveraineté.

16. — La Souveraineté réside dans l'Universalité des Citoyens français. Elle est une, inaliénable et imprescriptible. Chaque citoyen a un droit égal de concourir à son exercice.

17. — Aucun individu, aucune fraction du peuple ne peuvent s'en attribuer l'exercice. Personne ne peut exercer aucune autorité, ni remplir aucune fonction sans une délégation de la loi.

18. — Le Peuple français exerce sa souveraineté 1° en nommant ses députés ; 2° en déléguant les fonctions publiques à des administrateurs publics, à des juges civils, criminels et de cassation ; 3° en délibérant sur les lois, en provoquant la formation de celles qu'il croit nécessaires à sa prospérité ; 4° en surveillant les députés et les administrateurs dans l'exercice de leurs fonctions respectives et en révoquant ceux qui perdent sa confiance.

19. — Le Peuple français exerce sa souveraineté dans les assemblées cantonnales qui sont composées de tous les citoyens inscrits sur les listes électorales, et qui se réunissent ou sur la demande des citoyens, ou d'après la prescription de la loi, sur la convocation et sous la présidence du président de l'administration cantonnale.

§ 4.

De la Loi.

20. — La Loi est l'expression libre et solennelle de la volonté générale. — Elle ne peut ordonner que ce qui est

juste et utile à la société ; elle ne peut défendre que ce qui lui est nuisible.

21. — La loi doit garantir la liberté politique et individuelle contre toute espèce d'oppression. — Il y a oppression lorsque l'un des droits énoncés au paragraphe premier est violé. — Toute prescription de la loi qui viole un de ces droits ou un principe édicté dans le présent titre, est nulle.

22. — La loi ne doit décerner que des peines strictement et évidemment nécessaires à la sûreté générale. — Les peines doivent être proportionnées aux délits et utiles à la société. — En conséquence la peine de mort est abolie.

23. — Aucune loi ou criminelle civile, ne peut avoir d'effet rétroactif.

§ V.

De l'Impôt.

24. — L'Impôt ne peut être établi que pour l'utilité générale et pour subvenir aux services publics.

25. — Est classée parmi les services publics l'assurance de toutes les valeurs ou richesses possédées par les contribuables et susceptibles de destruction par suite d'un sinistre quelconque. En conséquence la quotité de l'impôt variera suivant les chances de perte ou de destruction que présentent les différentes espèces de richesses et de valeurs, et elle comprendra la prime à payer pour assurer, en cas de perte ou de destruction, le paiement par le trésor public d'une indemnité égale à la valeur de l'objet détruit.

26. — L'Impôt ne peut être établi et perçu qu'en vertu de la loi.

27. — L'Impôt est Direct, Unique et Progressif. Il ne
pourra être établi que pour une année à la fois, il devra
être voté tous les ans.

28. — L'Impôt doit être réparti entre les Citoyens en
raison de leur fortune. — La portion du produit de l'industrie, du travail ou des revenus, qui sera reconnu nécessaire
à chaque Citoyen pour sa subsistance, ne pourra être assu-
jetti à aucun impôt.

Il ne pourra être établi aucune contribution qui
par sa nature, ou par son mode de perception, nuirait à la
libre disposition des propriétés, aux progrès de l'industrie
et du commerce, à la circulation des capitaux et de la
propriété immobilière, ou entraînerait la violation d'un ou
de plusieurs des droits reconnus par la présente Constitution

En conséquence, les contributions indirectes sont abolies
et ne pourront jamais être rétablies, à l'exception de celle
sur le tabac dont la quotité et le mode de perception seront
ultérieurement établis.

Ne sont pas compris dans le premier paragraphe du
présent article les droits de douane qui seront révisés
dans un bref délai, ni les droits de mutation à payer pour
la transmission à titre gratuit de biens, meubles et immeu-
bles par décès ou par actes entre vifs. — La quotité de ces
droits, qui sera ultérieurement fixée, augmentera pro-
gressivement avec l'importance des biens transmis.

§ VI.

Des Fonctions publiques.

29. — La loi ne reconnaît pas de Pouvoirs, mais seulement des Fonctions.

30. — Les fonctions publiques sont essentiellement temporaires, elles ne peuvent être considérées comme des distinctions ou des récompenses, mais comme des devoirs.

31. — La séparation des fonctions est la première condition d'un gouvernement libre.

32. — Les ministres, les agents et les dépositaires de l'autorité publique et généralement tous les fonctionnaires à quelqu'ordre qu'ils appartiennent, sont responsables, chacun en ce qui le concerne, de tous les actes de gouvernement et d'administration.

La responsabilité des fonctionnaires n'est pas couverte par un ordre émané de leur supérieur hiérarchique.

33. — Lorsqu'il y a lieu d'exercer des poursuites contre un ministre pour des faits relatifs à ses fonctions, la mise en accusation est prononcée par un décret du Corps Législatif. Le ministre mis en jugement est jugé par la Haute Cour nationale.

34. — Les agents ou dépositaires de l'autorité publique et les fonctionnaires, autres que les ministres, ne peuvent être poursuivis pour des faits relatifs à leurs fonctions, qu'en vertu d'une décision de la section d'administration du tribunal de cassation.

En ce cas, la poursuite a lieu devant les tribunaux ordinaires.

§ VII

De la République.

35. — La France se constitue en République Démocratique, Une et Indivisible.

36. — La République a pour principes : la Liberté , l'Egalité, la Fraternité. Elle a pour base le Travail, la Propriété, la Famille ; pour règle, la Justice.

37. — La République déclare considérer comme ennemi tout individu qui viole ouvertement les lois, tout gouvernement qui opprime une nation.

38. — La République donne asile aux étrangers bannis de leur patrie pour la cause de la liberté.

TITRE II.

DU CORPS LÉGISLATIF.

§ I.

39. — Tout homme, né de parents français, âgé de 21 ans accomplis, qui a satisfait à la loi sur l'organisation de la force publique, est Citoyen Français.

40. — Tout étranger, qui, après avoir atteint l'âge de 21 ans accomplis, et avoir déclaré l'intention de se fixer en France, y a résidé pendant dix ans ; qui en outre y a fondé un établissement de commerce, d'agriculture ou d'industrie, ou y a exercé une profession manuelle ou libérale, ou y acquiert une propriété et épouse une Française, devient citoyen français.

41. — Les citoyens français peuvent seuls voter ou prendre part aux délibérations dans les assemblées cantonnales, et être appelés aux fonctions publiques.

42. — L'exercice des droits de citoyen se perd 1^0 par la naturalisation en pays étranger ; 2^0 par l'affiliation à toute corporation étrangère qui supposerait des distinctions de naissance, ou qui exigerait des vœux de religion ; 3^0 par l'acceptation de fonctions ou pensions offertes par un gouvernement étranger, sans autorisation du comité exécutif ; 4^0 par la condamnation à des peines afflictives et infamantes ou infamantes seulement ; 5^0 par la condamnation à trois mois de prison au moins, pour vol, escroquerie,

abus de confiance, soustraction commise par des dépositaires de deniers publics ; pour délits d'usure, et pour les crimes et délits prévus par les articles 318, 334, et 423 du Code pénal.

43. — L'exercice des droits de Citoyen est suspendu : 1° par l'interdiction pour cause de fureur, de démence ou d'imbécillité ; 2° par l'état de débiteur failli déclaré non excusable, ou d'héritier immédiat, légataire ou donataire, détenteur à titre gratuit de tout ou partie de la succession d'un failli non réhabilité ; 3° par l'état d'accusation ou de contumax ; 4° par l'interdiction du droit de vote et d'élection prononcée par les tribunaux correctionnels par application des lois qui autorisent cette interdiction, et pendant le temps déterminé par le jugement.

44. — L'exercice des droits de Citoyen n'est perdu, ni suspendu que dans les cas exprimés dans les deux articles précédents. La perte ou la suspension des droits de vote et d'élection n'est applicable aux condamnés en matière politique et en matière de presse, que pendant la durée de la peine corporelle à laquelle ils ont été condamnés.

45. — Tout Citoyen qui aura quitté son domicile d'origine, ne devra justifier que de six mois de résidence pour être admis à exercer ses droits politiques dans un lieu autre que celui de son ancien domicile.

46. — Dans les douze jours qui suivront la promulgation de la présente constitution, la liste électorale sera dressée dans chaque commune par le maire.

47. — Elle comprendra par ordre alphabétique tous les citoyens français, âgés de 21 ans accomplis, jouissant de leurs droits civils et politiques et habitant la commune depuis six mois. — Les militaires et marins en activité de service, quoique n'habitant pas la commune, y seront également portés. — Elle sera rendue publique.

48. — Les listes sont permanentes. — Il ne peut y être fait de changement que lors de la révision annuelle. — Cette révision s'opère conformément aux dispositions suivantes :

Du 1ᵉʳ au 10 janvier de chaque année, le maire de chaque commune ajoute aux listes les citoyens qu'il reconnaît avoir acquis les qualités exigées par la présente constitution, ceux qui acquerront les conditions d'âge et d'habitation avant le 1ᵉʳ avril suivant, et ceux qui avaient été précédemment omis.

Il en retranche 1⁰ les individus décédés ; 2⁰ ceux dont la radiation a été ordonnée par l'autorité compétente ; 3⁰ ceux qui ont perdu les qualités requises ; 4⁰ ceux qu'il reconnaît avoir été indûment inscrits, quoique leur inscription n'ait point été attaquée.

Il tient un registre de toutes ses décisions et y mentionne les motifs et les pièces à l'appui.

49. — Tous les citoyens ont le droit de réclamer contre l'inscription sur la liste électorale ou contre l'omission d'un citoyen, en observant les formes et délais qui seront établis par la loi organique électorale.

50. — A partir de la sixième année qui suivra la promulgation de la présente Constitution, les jeunes gens qui atteindront leur 21ᵐᵉ année, ne pourront être inscrits sur la liste électorale, s'ils ne prouvent qu'ils savent lire et écrire et qu'ils ont un état ou une profession.

§ II.

De l'Organisation du Corps Législatif et du mode d'élection des membres qui le composent.

51. — Le Corps législatif est Un, Indivisible et Permanent. Il est nommé pour trois ans et renouvelé tous les ans par tiers.

52. — Le nombre des députés est de 750, y compris ceux de l'Algérie et des Colonies.

53. — Le nombre des députés que chaque département envoie au Corps Législatif, est fixé par la seule base de la population.

54. — Le suffrage est direct et universel. Tous les citoyens inscrits sur les listes électorales participent à l'élection, sans condition de cens. Le scrutin est secret.

55. — L'élection des députés se fait par département et par scrutin de Liste.

56. — Néanmoins, il pourra être établi dans chaque département un nombre indéterminé de colléges électoraux, sans toutefois que ce nombre puisse excéder celui des députés à élire.

57. — En cas de division des électeurs d'un département en plusieurs colléges, chaque électeur aura le droit de se faire inscrire dans le collége qu'il choisira. Il fera connaître ce choix par une déclaration qu'il fera à la mairie de sa commune, lors de sa première inscription sur la liste électorale et avant la clôture de cette liste. Quand il voudra changer de collége, il sera tenu de faire une semblable déclaration au moment de la révision annuelle de la liste et avant sa clôture définitive. — Les citoyens qui n'auront pas fait connaître leur option seront tous rangés dans le même collége électoral.

58. — Dans les départements partagés en plusieurs colléges, le nombre total des électeurs sera divisé en autant de fractions égales qu'il y aura de députés à élire dans le département. —Chaque collége ainsi formé par la réunion volontaire des électeurs, aura droit de nommer autant de députés qu'il comptera de ces fractions.

59. — Les détails d'exécution seront réglés par la loi électorale organique.

60. — Les électeurs voteront au chef-lieu de canton : toutefois l'assemblée cantonnale pourra être divisée en plusieurs sections, par le conseil général du département et sur l'avis préalable et conforme du conseil cantonnal.

61. — Ils se réuniront tous les ans, le premier dimanche de mai, au chef-lieu de canton, ou au chef-lieu de leur section électorale respective, pour élire les députés qui doivent remplacer le tiers sortant. — Il sera formé dans chaque chef-lieu de canton ou de section autant de bureaux qu'il y aura de colléges électoraux dans le département. — Lors de ces élections annuelles pour le remplacement du tiers sortant des députés, auront seuls le droit de voter les électeurs appartenant aux colléges qui auront primitivement nommés les députés alors sortant de fonctions.

62. — Sont éligibles sans condition de domicile tous les électeurs âgés de 25 ans.

63. — Toutefois ne peuvent-être nommés députés, 1⁰ les fonctionnaires publics rétribués sur les fonds du budget de l'État ; 2⁰ les individus chargés d'une fourniture pour le gouvernement ou d'une entreprise de travaux publics ; 3⁰ les directeurs et administrateurs de grandes compagnies financières. — Tout député qui pendant le cours de son mandat aura accepté une place de directeur ou d'administrateur de grande compagnie financière sera démissionnaire de droit et déclaré tel par l'assemblée. — Tout marché passé par le Gouvernement avec un Député pour fourniture, travaux publics ou autre cause, pendant le cours de son mandat ou dans les six mois qui le suivent, est nul.

64. — Sont exceptés de l'incompatibilité prononcée par l'article précédent, 1⁰ les Ministres, 2⁰ le Commandant supérieur des gardes nationales de la Seine, 3° le Premier Président du tribunal de cassation ; 4⁰ les Professeurs des

facultés dont les chaires sont données au concours, quand ils exercent leurs fonctions dans le lieu où siége le Corps Législatif ; 5° les Militaires de tout grade et de toutes armes, qui par le seul fait de leur admission au corps législatif renonceront à leur situation d'activité et qui, à dater du jour de leur admission et pendant la durée de leur mandat, seront considérés, savoir : les officiers comme étant en mission hors cadre et les sous-officiers et soldats comme étant en congé temporaire ; 6° les Citoyens chargés d'un commandement ou d'une mission extraordinaires. — Seront seuls réputés Extraordinaires, les commandements et les missions dont les titres ne sont pas compris dans la hiérarchie ordinaire et dont le traitement n'est pas prévu au budget ordinaire. — Ils ne pourront durer plus de six mois.

65. — Les Députés sont toujours rééligibles. Ils sont les députés non du département qui les a nommés, mais de la France.

66. — Chaque Député reçoit une indemnité à laquelle il ne peut renoncer.

67. — Les Députés ne peuvent recevoir de mandat impératif.

68. — Les Députés nouvellement élus se réunissent de droit au Corps Législatif le jour de l'expiration du mandat de leurs prédécesseurs. — Le Député qui ne se sera pas rendu à son poste dans le mois qui suivra cette époque et qui n'aura pas fait agréer ses raisons par le corps législatif, sera réputé démissionnaire et il sera immédiatement pourvu à son remplacement.

§ III.

De la Garantie des membres du Corps Législatif.

69. — Les membres du Corps Législatif ne pourront être recherchés, accusés, ni jugés en aucun temps pour ce qu'ils auront dit ou écrit dans l'exercice de leurs fonctions.

70. — Ils ne pourront être arrêtés, poursuivis ou détenus pendant la durée de leur mandat, ni pendant les quarante jours qui suivront son expiration, en matière criminelle, sauf le cas de flagrant délit, qu'après que le Corps Législatif aura autorisé la poursuite ou la détention. — En cas d'arretation pour flagrant délit, il en sera immédiatement référé au Corps Législatif qui autorisera ou refusera la continuation des poursuites. Cette disposition s'applique au cas où un Citoyen détenu est nommé Député.

71. — Dans le cas de l'article précédent, un Député ne peut être traduit devant aucun autre tribunal que la Haute Cour de justice.

72. — L'accusation prononcée contre un Député entraîne suspension. S'il est acquitté, il reprend ses fonctions.

73. — Le Corps Législatif détermine le lieu de ses séances.

74. — Le Corps Législatif a seul la police dans le lieu de ses séances et dans l'enceinte extérieure qu'il détermine. — Il fixe l'importance des forces militaires établies dans le lieu de ses séances, en nomme le commandant et a seul le droit d'en disposer.

75. — Aucun corps de troupes, autres que celles dont il est parlé dans l'article précédent, ne peut passer ou séjourner dans la distance de cinq myriamètres de la commune où le Corps Législatif tient ses séances, si ce n'est sur sa réquisition, ou sur son autorisation.

§ IV.

Tenue des séances.

76. — Les séances du Corps Législatif sont publiques. — Néanmoins il peut se former en comité secret sur la demande de cinquante de ses membres.

77. — Les procès-verbaux de ses séances sont imprimés.

78. — La présence de la moitié plus un des membres est nécessaire pour la validité des délibérations. — Les délibérations ont lieu à la majorité absolue des membres présents.

79. — Le Corps Législatif a droit de censure sur les actes de ses membres accomplis dans son sein.

80. — La police appartient au bureau du Corps Législatif qui est formé de la manière prescrite par le règlement.

§ V.

Des Fonctions du Corps législatif.

81. — Chaque Député a droit d'initiative parlementaire. Il l'exerce selon les formes déterminées par le règlement.

82. — Le Corps Législatif propose des Lois et rend des Décrets.

83. — Les caractères distinctifs des Lois sont leur généralité et leur durée indéfinie. — Les caractères distinctifs des Décrets sont leur application locale ou particulière et la nécessité de leur renouvellement à une époque déterminée.

84. — Sont compris sous le nom générique de *Loi*, les actes du corps législatif concernant :

La législation civile, criminelle et de sûreté générale ;

L'administration générale des recettes et des dépenses de
a République ;

Les domaines nationaux;

Les lois de douane ;

Le titre, le poids, l'empreinte et la dénomination des
nonnaies;

La nature, le montant et la perception des contribu-
,ions ;

Toute nouvelle distribution générale du territoire fran-
,ais ;

La responsabilité des fonctionnaires publics de tous
·rdres ;

L'organisation communale, cantonnale et départemen-
ale ;

L'organisation de la force publique ;

L'organisation judiciaire ;

L'organisation de l'instruction publique ;

Les honneurs à rendre à la mémoire des grands hommes.

85. — Sont désignés sous le nom particulier de *Décret*,
es actes du corps législatif concernant :

Les déclarations de guerre;

L'établissement annuel des forces de terre et de mer ;

La permission ou la défense de passage des troupes
trangères sur le territoire français ;

Les mesures extraordinaires de sûreté et de tranquillité
énérales ;

La distribution annuelle et momentanée des secours et
·avaux publics;

Les ordres pour la fabrication des monnaies de toute
spèce ;

La fixation annuelle de la dépense ordinaire ;

Les dépenses imprévues et extraordinaires ;

Les mesures locales et particulières à une administration, à un commerce, à un genre de travaux publics ;

La défense du territoire ;

La ratification des traités ;

La poursuite de la responsabilité des membres du Comité Exécutif et des Députés ;

Tout changement dans la distribution partielle du territoire français ;

Les récompenses nationales.

86. — Les mesures de sûreté et de tranquillité générales ne pourront avoir plus de six mois de durée, et leur exécution cessera de plein droit à cette époque, si elles ne sont renouvelées par un nouveau décret.

Le Corps Législatif a toujours le droit de se faire rendre compte par le Comité Exécutif de l'application des mesures de sûreté générale intérieure et extérieure qu'il a ordonnées, et de déléguer des Commissaires pris dans son sein pour la surveiller.

§ 6.

Formation des Lois et Décrets.

87. — Les projets de Loi de quelqu'initiative qu'ils émanent, sont soumis à une commission qui fait son rapport dans les vingt jours.

88. — Tout projet émanant de l'initiative parlementaire est, dans la huitaine du rapport, soumis à une première délibération, après laquelle le Corps Législatif décide à la majorité absolue des suffrages, s'il est pris en considération.

89. — Dans le mois de la prise en considération pour les projets émanant de l'initiative parlementaire et dans le mois du rapport pour ceux émanant de tout autre initia-

tive, les projets sont portés à l'ordre du jour du Corps Législatif et discutés au jour indiqué.

90. — Tous les membres qui voudront présenter des amandements, devront les produire avant l'ouverture de la discussion, de manière à ce qu'ils soient discutés et votés en même temps que le projet principal.

91. — Le Corps Législatif décide à la majorité absolue et par scrutins publics, s'il adopte le principe du projet de Loi ou Décret, et celui des amandements proposés.

Si le projet est adopté, il est par la même délibération, renvoyé au Conseil d'Etat pour la rédaction.

92. — Dans le mois, le conseil d'Etat renvoie le projet rédigé au président du Corps Législatif qui le fait immédiatement imprimer et distribuer et le porte à l'ordre du jour de l'assemblée dans les dix jours suivants.

93. — Par la seconde délibération, le Corps Législatif décide si le projet, rédigé par le Conseil d'Etat, est conforme aux principes qu'il a adoptés. — Il l'acceptera ou le rejetera en entier, sans pouvoir y introduire aucun amendement.

94. — S'il est rejeté, le projet est de nouveau renvoyé au Conseil d'Etat qui le modifie dans les parties et dans le sens indiqués par la deuxième délibération.

95. — S'il est adopté, après un délai qui ne pourra être moindre de cinq jours, il est porté à l'ordre du jour du Corps Législatif qui, dans une troisième délibération, examine et décide à la majorité absolue des suffrages et par un scrutin public, si le projet est conforme aux préceptes de la Liberté, de l'Égalité et de la Fraternité, aux principes de la Constitution, et aux Droits et Devoirs antérieurs et supérieurs aux Lois Positives.

96. — En cas d'adoption, le projet est renvoyé par les

soins du président du Corps Législatif à toutes les communes de la République sous le titre de *Loi Proposée*.

97. — La Loi Proposée est affichée dans chaque commune pendant trente jours et le maire en donne lecture publique par trois dimanches consécutifs.

98. — Quarante jours après l'envoi de la Loi Proposée, si dans la moitié plus un des départements, le dixième des assemblées cantonnales n'a pas réclamé, elle est acceptée et devient Loi.

99. — S'il y a réclamations en nombre fixé par l'article précédent, le Corps Législatif convoque les assemblées cantonnales, qui, dans le mois décident par *oui* ou par *non* et à la majorité absolue des suffrages exprimés, si elles adoptent ou rejettent la Loi Proposée. — Le recensement des délibérations des assemblées cantonnales est fait à la questure du Corps Législatif en présence du bureau et d'une commission de cinq membres désignés par le sort. — Elle devient Loi, si cela réunit la moitié plus une des décisions des assemblées cantonnales.

100. — Aucun projet de Décret, sauf en cas d'urgence, n'est mis en délibération qu'après avoir été soumis à l'examen d'une commission qui fait son rapport, et n'est voté définitivement qu'après deux délibérations à des intervalles qui ne peuvent être de moins de cinq jours.

Le Corps Législatif peut renvoyer, après la première délibération, au Conseil d'Etat les projets du décret, soit pour rédaction, soit pour avoir son avis.

101. — Toute proposition ayant pour objet de déclarer l'urgence, est précédée d'un exposé des motifs. — Si le Corps Législatif est d'avis de donner suite à la proposition d'urgence, il en ordonne le renvoi dans les bureaux et fixe le moment où le rapport sur l'urgence lui sera présenté. — Sur ce rapport, s'il reconnaît l'urgence, il la déclare et

fixe le moment de la discussion. — S'il décide qu'il n'y a
pas urgence, le projet suit le cours des propositions ordinaires.

102. — Les Lois et les Décrets sont promulgués par le Président du Comité Exécutif, ceux d'urgence : dans les trois
jours, et les autres dans le mois, du jour où ils ont été
adoptés par le Corps Législatif. — A défaut de promulgation
par le Président du Comité Exécutif dans les délais ci-dessus, il y est pourvu par le Président du Corps Législatif.

§ VII.

Du Droit de pétition et du Droit de censure des actes des Députés.

103. — Lorsqu'un Citoyen croit utile ou nécessaire de demander une nouvelle mesure de constitution ou de législation, d'exciter la surveillance du Corps Législatif sur les
actes de l'administration générale, de provoquer la ré-
forme d'une Loi ou d'un Décret, de demander le rejet d'une
Loi Proposée, il a le droit d'adresser une pétition au Corps Législatif, ou bien de requérir le président de sa section électorale de la convoquer pour le dimanche suivant. — Toutefois pour que cette réquisition puisse avoir effet, il doit
justifier que sa proposition a reçu l'approbation de cinquante citoyens appartenant à sa section électorale.

104. — Au jour indiqué, la délibération s'ouvre sur la
proposition et est continuée pendant toute la semaine.
Le dimanche suivant, la section décide à la majorité absolue des suffrages et au scrutin secret, sur la prise en considération de la proposition.

105. — Si la proposition est prise en considération, le
président de la section adresse copie du procès-verbal de la

séance au président de l'administration cantonnale, qui convoque les diverses sections du canton à délibérer sur la proposition dans la forme indiquée en l'article précédent.

Si la proposition a été faite dans une section dépendant d'une ville qui comprend plusieurs cantons dans sa circonscription, toutes les assemblées électorales de la dite ville sont appelées à délibérer sur la prise en considération de la proposition.

106. — Si la proposition est adoptée par la moitié plus une des sections du canton ou de la ville, copie du procès-verbal de recensement des votes des sections est adressée au président de l'administration départementale, qui convoque dans le délai de quinzaine toutes les assemblées et sections d'assemblées cantonnales du département. Ces assemblées délibèrent dans la forme ci-dessus établie, et copie du procès-verbal de leur séance, constatant le résultat de la délibération est de suite envoyée au président de l'administration départementale.

107. — Le dépouillement général de ces procès-verbaux se fait publiquement et le résultat est publié et affiché dans tous les chefs-lieu de canton du département.

108. — Si la majorité des assemblées cantonnales du département est d'avis qu'il y a lieu de prendre la proposition en considération, le président de l'administration départementale adresse le résultat des délibérations au Corps Législatif et la proposition est soumise aux formalités prescrites pour la formation de la Loi ou le vote des Décrets.

109. — Toute pétition individuelle est immédiatement envoyée à une commission et rapportée au plus tard dans les trois mois. Aussitôt après le rapport, le Corps Législatif décide s'il y a lieu ou non de prendre la pétition en considération.

110. — Dans les départements divisés en plusieurs col-léges électoraux, tout citoyen peut provoquer la censure de celui ou de ceux des Députés du département qui ont été nommés par le collége électoral dont il fait partie.

111. — A cet effet, il dépose entre les mains du président de sa section électorale, une déclaration écrite et signée de lui, approuvée par cinquante électeurs de sa section, por-tant que le Député N n'a plus la confiance des électeurs.

112. — Il est procédé sur cette proposition dans la forme prescrite par les articles ci-dessus. Ne prendront part à ces opérations que les électeurs inscritsdans le col-lége qui a nommé le député dont la censure est proposée.

113. — Si la déclaration est adoptée par un nombre de voix égal à la moitié plus un du nombre des électeurs inscrits dans le collége, le député est déchu de ses fonctions et dans la quinzaine suivante, il est procédé à son rempla-cement.

TITRE III.

DU COMITÉ EXÉCUTIF.

114. — Il y a un Comité Exécutif composé de trois membres : un Ministre Dirigeant, président du comité, un Ministre de la recette publique et un Ministre de la dépense publique. Ils doivent être âgés de 40 ans au moins, et à partir de la cinquième année qui suivra la promulgation de la présente Constitution, ils devront avoir fait partir des assemblées constituantes ou législatives de la République, ou avoir été ministres sous un précédent gouvernement républicain.

Sont exclus à perpétuité de ces fonctions les membres des familles qui ont régné sur la France.

115. —Le Comité Exécutif est nommé par le Corps Législatif, au scrutin individuel et secret et à la majorité absolue des suffrages.

116. — Il est nommé pour un temps indéterminé. Le Comité collectivement ou chacun de ses membres séparément, est toujours révocable par le Corps Législatif. L'ascendant et les descendants en ligne directe, les frères, l'oncle et le neveu, les cousins au premier degré, et les alliés à ces degrés, ne peuvent être en même temps membres du Comité.

117. — En cas de révocation par le Corps Législatif d'un ou plusieurs membres du Comité Exécutif, il est procédé

dans la même scéance sans désemparer à la nomination de leurs successeurs.

118. — Les Membres du Comité Exécutif résident dans le lieu où siége le Corps Législatif. — Ils ne peuvent sortir du territoire continental de France sans y être autorisés par un Décret,

119. — Ils sont logés aux frais de la république, et reçoivent un traitement annuel, savoir: le Ministre Dirigeant Président du Comité, de 300,000 francs : chacun des deux autres Ministres de 150,000 francs. — Ils ne peuvent renoncer à la totalité ou à une partie de ce traitement, ni recevoir aucune autre somme à quelque titre et sous quelque prétexte que ce soit.

120 — Toutes les délibérations du Comité sont prises à la majorité des voix de ses membres. — Il choisit hors de son sein un secrétaire qui contresigne les expéditions et rédige les délibérations, où chaque Membre a le droit de faire inscrire son avis motivé. — Il peut délibérer sans l'assistance de son secrétaire : en ce cas les délibérations sont rédigées sur un registre particulier par un de ses membres.

121. — Le Comité Exécutif dirige l'administration générale ; il surveille et assure l'exécution des Lois et Décrets. — A cet effet il nomme près des administrations départementales et cantonnales et près des tribunaux, des commissaires chargés de requérir l'application de la loi, de poursuivre la réformation des décisions qui y sont contraires, et d'ordonner son exécution en cas de refus constaté des administrations locales. — Il est responsable de de l'inexécution de la loi.

122. — Il pourvoit, d'après les lois, à la sûreté intérieure et extérieure de la République.

123. — Il dispose de la force armée, sauf ce qui est dit

dans les articles 74 et 75 ci-dessus : en aucun cas le Comité collectivement, ni aucun de ses Membres ne peut la commander, ni pendant la durée de ses fonctions, ni pendant les deux années qui suivent immédiatement la cessation de ces mêmes fonctions.

124. — Il négocie les traités. — Les traités ne sont valables qu'après avoir été soumis au Conseil d'État qui fait un rapport detaillé sur chacun d'eux et après avoir été approuvés par le Corps Législatif ;

125. — Il nomme, sous sa responsabilité, les généraux en chef des armées de terre et de mer, en temps de guerre ;

126. — Il nomme, sur la présentation du Conseil d'État, 1° les directeurs généraux, chefs de service, de chaque branche de l'administration générale de la République, dont le nombre est fixé par le Corps Législatif ; 2° les Généraux commandant les subdivisions militaires et les Généraux commandant, hors le cas de guerre, les rassemblements de troupes sur un point quelconque du territoire ; 3° les agens extérieurs de la République ; 4° les Gouverneurs de l'Algérie et des Colonies.

127. — Les fonctionnaires ou agens énumérés dans les articles 121, 125 et 126 ne peuvent être pris parmi les parents ou alliés des membres du Comité Exécutif, dans les degrés exprimés par l'art. 116 ci-dessus.

128. — Le comité révoque les fonctionnaires et agens à sa nomination et les remplace.

129. — Il a droit, à titre de mesure de sûreté générale, d'annuler les actes des administrations locales, qui seraient contraires à la Loi ou qui pourraient compromettre la tranquilité publique ou la sûreté de l'État, et de suspendre de leurs fonctions les membres de ces administrations ; mais à la charge d'en rendre compte sans délai au Corps Légsilatif.

130. — Il a le droit de faire grâce, mais il ne peut l'exercer qu'après avoir pris l'avis du conseil d'État. — Les amnisties et la grâce de toutes les personnes condamnées par la Haute Cour nationale ne peuvent être accordées que par un Décret du Corps Législatif.

128. — Il a lé droit de présenter des projets de Lois et Décrets au Corps Législatif et de les faire soutenir par des commissaires qu'il désigne.

131. — Il est tenu de présenter chaque année au Corps Législatif par un message écrit, la situation des finances, l'exposé de l'Etat général de la République, le compte d'exécution des Lois, Décrets et mesures de sûreté générale, l'énumération des réformes qu'il croit nécessaires.

De plus il est tenu de rendre compte au Corps Législatif de l'exécution des mesures de sûreté générale prescrites par lui, chaque fois qu'en est faite la demande.

133. — Les membres du Comité n'ont pas entrée dans le sein du Corps Législatif. Ils ne communiquent avec lui soit collectivement, soit individuellement, que par écrit.

134. — Le Comité ne peut céder aucune fraction du territoire, suspendre en aucune manière l'exécution de la Constitution, des Lois et des Décrets, dissoudre ou proroger le Corps Législatif. — Toute mesure par laquelle le Comité suspend la Constitution, dissout le Corps Législatif, le proroge, ou met obstacle à l'exercice de ses fonctions; est un crime de Haute Trahison. — Par ce seul fait, les membres du Comité sont déchus de leurs fonctions, les Citoyens sont tenus de leur refuser obéissance. Les juges de la Haute Cour nationale se réunissent immédiatement à peine de forfaiture, ils convoquent les jurés dans le lieu qu'ils désignent, procèdent sans désemparer au jugement des membres du Comité et de leurs complices.

135. — Le Président du Comité Exécutif promulgue les

Lois et les Décrets dans les délais déterminés par l'article 102 ci-dessus et dans la forme voulue par la Loi.

136. — Le Président du Comité Exécutif nomme, révoque et remplace tous les agents secondaires de l'administration générale.

137. — Le Ministre de la Recette publique est spécialement chargé de présenter les projets de lois d'impositions publiques nécessaires, d'assurer la rentrée de ces impositions, et de nommer, révoquer et remplacer les agents secondaires qui y sont employés.

138. — Le Ministre de la Dépense publique est spécialement chargé de présenter les projets de lois et décrets des dépenses publiques, d'ordonner les mouvements de fonds et les paiements autorisés par la loi, de nommer, révoquer et remplacer tous les agents secondaires qui y sont employés.

139. — Les nominations et révocations que le Comité Exécutif ou chacun des Ministres séparément est chargé de faire par les articles précédents, auront lieu sur le rapport du directeur général de l'administration dont ressort l'agent à nommer et conformément aux règles tracées pour l'admission dans les fonctions publiques et pour l'avancement, par les lois et règlements. Les révocations seront motivées.

TITRE IV

DU CONSEIL D'ÉTAT

140. — Il y a un Conseil d'État composé d'un membre par million d'habitants. — Font partie de droit de ce Conseil, les Présidents du Comité Exécutif, sortis de fonctions après un an d'exercice.

141. — Les membres du Conseil d'Etat sont nommés par ceux des Conseils généraux des départements. A cet effet, les départements sont formés par groupes de départements imitrophes ou voisins, comprenant ensemble un million d'habitants, ou le nombre le plus rapproché possible. Les membres des Conseils généraux de chaque groupe de département, élisent un membre du Conseil d'Etat.

Les membres des Conseils généraux ne peuvent être nommés membre du Conseil d'État par l'assemblée électorale dont ils font partie.

142. — Les membres éligibles du Conseil d'État sont nommés pour six ans. Ils sont renouvelés par moitié tous les trois ans. Ils sont indéfiniment rééligibles. — Les anciens Présidents du Comité Exécutif sont à vie membres du Conseil d'État.

143. — Les fonctions de membres du Conseil d'État sont incompatibles avec toute autre.

144. — Les membres du Conseil d'État ne peuvent être révoqués que par le Corps Législatif et sur la proposition motivée du Comité Exécutif.

145. — Le Conseil d'État 1° donne son avis sur les pro-

jets de Lois et de Décrets proposés par le gouvernement ; il rédige ceux qui sont adoptés en principe par le Corps Législatif et les fait soutenir lors des deuxième et troisième délibérations sur ces projets, par des commissaires pris dans son sein ; 2⁰ il fait les règlements d'administration publique ; 3⁰ il présente des candidats aux fonctions qui sont à la nomination du Comité Exécutif, dans les cas déterminés par la Constution ou par la Loi ; 4⁰ il maintient ou annule tous les actes d'administration ou de gouvernement qui lui sont déférés comme inconstitutionnels, par les citoyens ou les administrations locales ; 5 il examine les traités proposés par le Comité Exécutif et fait son rapport sur chacun d'eux au Corps Législatif. 6⁰ Il exprime son vœu sur les lois faites ou à faire, sur les abus à corriger, sur les améliorations à entreprendre dans toutes les parties de l'administration publique ; 7⁰ il résout sur la demande des Ministres les difficultés qui s'élèvent entre eux relativement aux attributions qu'ils tiennent respectivement de la Loi, et celles qui surviennent relativement à l'application de la loi ; 8⁰ il donne son avis sur toutes les questions qui lui sont soumises par le Comité Exécutif ; 9⁰ il apprécie les actes de tout fonctionnaire public ou agent qui lui sont déférés par le Corps Législatif ou le Comité Exécutif et en fait un rapport qui est rendu public.

146. — Ne doivent pas être soumis à l'avis préalable ni à la rédaction du Conseil d'État, les projets de décrets suivants : 1⁰ Les projets de décrets de crédits supplémentaires ou extraordinaires ; 2⁰ Les projets de décret portant règlement définitif du budget de chaque exercice ; 3⁰ Les projets de décret portant fixation du contingent annuel de l'armée ; 4⁰ Les projets de décrets d'urgence.

TITRE V

DE L'ADMINISTRATION INTÉRIEURE.

147. — La division du territoire en départements, cantons et communes est maintenue. Leurs circonscriptions actuelles ne pourront être changées que par un décret.

148. — Les départements, les cantons, les communes s'administrent eux-mêmes. — Une Loi déterminera les rapports entre chaque administration particulière et le pouvoir central. — Ces rapports seront combinés de manière à ne point entraver l'exercice de la souveraineté de la commune, du canton, et du départemant en ce qui concerne leurs intérêts particuliers.

149. — Il y a dans chaque département un Conseil Général et une Administration départementale composée de trois membres pris dans le sein du Conseil ; dans chaque canton un Conseil Cantonnal et une Administration de canton composée de trois membres pris dans le sein de ce Conseil ; dans chaque commune, un Conseil Municipal et une Administration de commune composée de trois membres pris aussi dans le sein de ce Conseil.

150. — Les Conseils Généraux, Cantonnaux et Municipaux sont nommés par le suffrage direct de tous les Citoyens majeurs et jouissant de leurs droits civiques et politiques, domiciliés dans le département, le canton ou la commune. — Chaque canton élit un membre du Conseil général.

151. — Les Membres des Administrations Départemen-

tales, Cantonnales et Communales sont nommés par les conseils dont ils ressortent. — Ils sont élus pour trois ans et renouvelés par tiers tous les ans. — Ils sont toujours rééligibles.

152. — Les séances des Conseils Généraux, Cantonnaux et Municipaux sont publiques.

153. — Les administrations et les conseils locaux ne peuvent en aucun cas modifier les actes du Corps Législatif ou en suspendre l'exécution; ni s'immiscer dans l'administration générale, comme l'administration des forces de terre et de mer, la régie des établissements nationaux, des arsenaux, magasins, ports et constructions qui en dépendent; ni disposer de tout ou partie des contributions publiques; ni rien entreprendre sur l'ordre judiciaire.

154. — Il y a près de chaque Administration Départementale et Cantonnale un Commissaire du gouvernement, qui est chargé 1º de requérir l'exécution des lois générales et de les faire appliquer en cas de refus de l'administration locale; 2º de surveiller les actes des administrations et des conseils locaux et d'interjeter appel de ceux qu'ils jugeraient contraires à la loi ou nuisibles aux intérêts qu'ils ont à gérer; 3º de déférer au pouvoir central les actes des administrations ou des conseils locaux, qui pourraient porter atteinte à l'unité de la république ou troubler l'ordre.

155. — Le Commissaire près de l'administration cantonnale, a le même droit de réquisition, de surveillance et d'appel près de toutes les administrations et tous les conseils municipaux du canton. — Dans les villes divisées en plusieurs cantons, il n'y a qu'un seul Commissaire pour tous les cantons de la même ville. — Les Commissaires du gouvernement près des départements et des cantons sont nommés par le Comité Exécutif.

156. — Tout Citoyen a droit d'appeler des décisions des administrations et des résolutions des Conseils de sa commune, de son canton et de son département. — L'appel des décisions des administrations locales, sera porté devant le conseil qui aura nommé l'administration dans l'acte est incriminé. — L'appel des résolutions des conseils locaux sera porté, savoir : celui d'une résolution d'un conseil communal, devant le Conseil de son canton ; celui d'une résolution d'un Conseil cantonnal, devant le conseil général de son département ; et l'appel d'une résolution d'un Conseil général de département, devant le Conseil d'Etat.

157. — Les Conseils Généraux, Cantonnaux et Municipaux peuvent être dissous et les administrations locales peuvent être suspendues et même revoquées par le Comité Exécutif, de l'avis du Conseil d'Etat. — La loi fixera le délai dans lequel il devra être procédé à leur réélection.

158. — Une loi déterminera 1° la composition et les attributions des Conseils Généraux, Cantonnaux et Municipaux ; 2° les attributions et le mode de nomination des Administrations Départementales, Cantonnales et Municipales. — Une loi spéciale règlera l'administration de la ville de Paris et du département de la Seine, ainsi que le mode d'élection de ses administration et conseils locaux.

TITRE VI.

DE L'ADMINISTRATION DE LA JUSTICE.

§ I.

Règles générales.

159. — La Justice est rendue gratuitement et publiquement au nom du Peuple Français, par des juges élus à temps.

160. — Les juges ne peuvent être destitués que pour forfaiture légalement jugée, et suspendus que pour une accusation admise.

161. — Les juges seront salariés par la République et ne pourront renoncer à leur traitement.

162. — Les fonctions judiciaires ne peuvent en aucun cas être exercées ni par le Corps Législatif, ni par les Corps Administratifs.

163. — Les tribunaux et les juges ne peuvent interpréter les lois, les étendre, en arrêter ou suspendre l'exécution.

164. — Le mode d'élection, la durée des fonctions et le traitement des juges de chaque juridiction seront fixés par la organique.

§ II.

De la justice civile.

165. — Les Citoyens doivent autant que possible terminer leurs contestations par la voie de l'arbitrage

niable. — Il ne peut rien être fait qui le rende plus dificile ou plus onéreux.

166. — Néanmoins il y aura pour juger les affaires qui e seront terminées ni par la conciliation devant les iges de paix, ni par la voie de l'arbitrage, un tribunal par épartement.

167. — Chaque tribunal sera composé d'un nombre de iges proportionnel à la population, d'un nombre de Supéants élus égal à la moitié de celui des juges, d'un Comissaire du gouvernement, et d'un greffier.

168. — Chaque tribunal civil sera divisé en sections, ont le nombre et la juridiction seront fixés par la loi organique et dont le président sera nommé tous les ans par es juges réunis dans chaque tribunal. — Il y aura un ubstitut du commissaire du gouvernement près de chaque ection.

169. — L'appel des jugements prononcés par les aritres et les tribunaux civils, sera porté au tribunal civil e l'un des trois départements les plus voisins, à déteriiner par la loi organique. — Ces causes d'appel seront igées par toutes les sections réunies.

170. — Les tribunaux de commerce sont maintenus.

171. — Il y a pour toute la République un Tribunal de assation. Il prononce 1° sur les demandes en cassation es jugements rendus en dernier ressort par les tribuaux; 2° sur les demandes en renvoi d'un tribunal à un utre pour cause de suspicion légitime ou de sûreté pulique; 3° sur les règlements de juges et les prises à artie contre un tribunal entier, 4° sur l'autorisation de oursuites que les citoyens voudront intenter contre les onctionnaires publics et agents de l'autorité, autres que es ministres. — Une section spéciale du Tribunal de Cas-

sation statuera sur toutes les demandes en autorisation de poursuites.

172. — La loi organique règlera le mode de fonctionnement du Tribunal de Cassation.

§ III

De la justice correctionnelle et criminelle.

173. — La maison de toute personne habitant le territoire français est un asile inviolable. — Pendant la nuit, nul n'a le droit d'y entrer que dans le cas d'incendie, d'inondation ou de réclamation faite de l'intérieur de la maison. — Pendant le jour, on peut y entrer pour un objet spécial déterminé, ou par un ordre émané d'une autorité publique compétente.

174. — Nul ne peut être saisi que pour être conduit devant l'officier de police. Toute personne saisie et conduite devant l'officier de police, est examinée sur le champ ou dans le jour au plus tard. — S'il résulte de l'examen qu'il n'y a aucun sujet d'inculpation, elle sera remise aussitôt en liberté.

175. — Nul ne peut être mis en arrestation ou détenu qu'en vertu d'un mandat d'arrêt émané d'une autorité compétente ou d'un jugement de condamnation à la prison ou à la détention correctionnelle.

176. — Nulle personne arrêtée ne peut être retenue si elle donne caution suffisante, dans tous les cas où la loi permet de rester libre sous le cautionnement.

177. — Toute rigueur employée dans les arrestations, détentions ou exécutions, autres que celles prescrites par la loi, est un crime.

178. — Il y a dans chaque département pour le jugement

des délits dont la peine n'est ni afflictive, ni infamante, les tribunaux correctionnels en nombre égal à celui des sections qui composent le tribunal civil du département.

179. — Chaque tribunal correctionnel est composé d'un président pris tous les ans et par tour, parmi les membres du tribunal civil du département, de deux juges de paix ou suppléants de juges de paix, de la commune où il est établi, d'un commissaire du pouvoir exécutif nommé par le Comité Exécutif et d'un greffier.

180. — Il y a appel du tribunal correctionnel, devant le tribunal criminel du département.

181. — En matière de délit, emportant peine afflictive ou infamante, un premier jury admet ou rejette l'accusation ; si elle est admise, un second jury reconnaît le fait, et les juges formant le tribunal criminel, appliquent la peine. Nul ne peut être jugé que sur une accusation admise par le jury d'accusation.

182. — Il y a dans chaque département, autant de jurys d'accusation que de tribunaux correctionnels ; ils sont présidés et dirigés par le président du tribunal correctionnel.

183. — Chaque directeur de jury d'accusation a la surveillance immédiate de tous les officiers de police et de toutes les maisons de détention de son arrondissement.

184. — Le tribunal criminel est composé d'un président, de quatre juges pris dans le tribunal civil, du commissaire du pouvoir exécutif ou de son substitut et d'un greffier.

185. — Le jury de jugement est composé de douze jurés au moins. L'accusé a le droit d'en recuser sans donner de motifs, un nombre déterminé par la loi.

186. — L'instruction devant le jury d'accusation, et celle devant le jury de jugement sont publiques ; l'accusé doit y être assisté d'un conseil choisi par lui ou nommé d'office.

187. — Les membres des jurys d'accusation et de jugement sont désignés tous les ans par les assemblées canton
nales.

§ IV.

De la Haute Cour de Justice.

188. — Il y a une Haute Cour de justice pour juger les
accusations admises par le Corps Législatif, soit contre ses
membres, soit contre ceux du Comité Exécutif.

189. — La Haute Cour de justice, est composée de sept
juges et deux accusateurs publics tirés du Tribunal de Cassation, et de Hauts Jurés désignés par le sort parmi les
membres des conseils généraux des départements, à raison
d'un par département.

190. — La Haute Cour est formée tous les ans en vertu d'une
décision du Corps Législatif, et tient ses séances dans le lieu
désigné par lui et qui doit être distant d'au moins 12 myriamètres de celui où siége le Corps Législatif.

191. — Lorsque le Corps Législatif a décidé la formation
de la Haute Cour de justice, le Tribunal de Cassation nomme
au scrutin secret et à la majorité absolue des voix sept de-
ses membres pour remplir les fonctions de juges, lesquels
choisissent entr'eux le président, et deux pour remplir celles
d'accusateurs publics.

192. — Les actes d'accusation sont dressés et rédigés,
par une commission nommée par le Corps Législatif.

TITRE VII.

DE LA FORCE PUBLIQUE.

193. — La force publique est composée de tous les Citoyens en état de porter les armes.

194. — Elle doit être organisée pour défendre la République contre les ennemis extérieurs et assurer au dedans le maintien de l'ordre et l'exécution des lois.

195. — Il pourra être formé des corps soldés, tant pour la défense de la République contre les ennemis extérieurs, que pour le service de l'intérieur de la République. — La fonction spéciale, l'importance de chacun de ces corps et la dépense nécessaire à leur entretien seront décretés tous les ans par le Corps Législatif.

196. — Les Citoyens réunis en corps armés, ne pourront jamais agir pour le service de l'intérieur que sur la réquisition et l'autorisation de l'autorité civile.

197. — La force publique ne peut être requise par les autorités civiles que dans l'étendue de leur territoire. — Pour agir d'une commune dans une autre, l'autorisation de l'administration départementale est nécessaire; et pour agir d'un département dans un autre, celle du Comité Exécutif est indispensable. — Ce Comité sera tenu d'informer sur le champ le Corps Législatif chaque fois qu'il aura fait passer une partie de la force publique d'un département dans un autre.

198. — Toutes les parties de la force publique employées contre les ennemis du dehors, agiront sous les ordres du

Comité Exécutif. — Les commandants des forces de terre et de mer seront, en cas de guerre, nommés pour un an par lui sous sa responsabilité et dans les conditions déterminées par l'art. 125 ci-dessus. Ces commandans seront toujours révocables et leur commission devra être renouvelée tous les ans.

199. — L'armée permanente et le recrutement par tirage au sort sont abolis et ne pourront être rétablis.

200. — La loi organique déterminera tant, pour l'état de paix que pour l'état de guerre, 1° le nombre, la force, la fonction et le mode de recrutemeut des corps soldés dont la création est autorisée par l'art. 195 qui précède; 2° les conditions d'âge, de santé et de position qui feront considérer les citoyens comme en état de porter les armes; 3° les causes qui les exempteront de faire partie de la force publique; 4° les services qui seront réclamés des citoyens suivant leur âge, leur état civil, et les exercices auxquels ils seront tenus; 5° le mode de nomination aux différents grades et les règles de l'avancement.

TITRE VIII

DISPOSITIONS TRANSITOIRES.

201. — Les dispositions des codes, lois et règlements existants, qui ne sont pas contraires à la présente Constitution, restent en vigueur jusqu'à ce qu'il y soit légalement dérogé.

202. — Toutes les autorités constituées par les lois actuelles, demeurent en exercice, jusqu'à la promulgation des lois organiques qui les concernent.

203. — Après le vote de la Constitution, il sera procédé par l'Assemblée à la rédaction des lois organiques suivantes : la Loi établissant la banque nationale de Crédit foncier, commercial et agricole; la Loi établissant l'assiette, le taux et le mode de perception de la contribution publique; La loi concernant l'instruction et l'éducation publiques; La loi électorale ; La loi concernant l'administration départementale, cantonnale et communale; La loi concernant l'organisation judiciaire ; La loi concernant l'organisation de la force publique ; La loi réglant la liberté des cultes et leurs rapports avec l'état ; La loi sur la liberté de la presse.

Paris. — Imp. A. E. Rochette, 90, boulevard Montparnasse.